LES
BIENFAITS
D'ARMAND - JOSEPH

DUC DE BÉTHUNE-CHAROST

*Extrait de " L'Histoire du Duché-Pairie de Charost
et de la Seigneurie de Mareuil "*
par L. CARTIER SAINT-RENÉ

1925
IMP. LABOUREUR, GROLLEAU et FILLOUX
ISSOUDUN

8° L27n
66585

BIBLIOTHÈQUE NATIONALE

LES
BIENFAITS
D'ARMAND - JOSEPH

DUC DE BÉTHUNE-CHAROST

*Extrait de " L'Histoire du Duché-Pairie de Charost
et de la Seigneurie de Mareuil "*

par L. CARTIER SAINT - RENÉ

1925
IMP. LABOUREUR, GROLLEAU et FILLOUX
ISSOUDUN

les

BIENFAITS

D'ARMAND-JOSEPH

DUC DE BÉTHUNE-CHAROST

LES BIENFAITS

D'ARMAND-JOSEPH

DUC DE BÉTHUNE-CHAROST

ARMAND-JOSEPH, duc de Béthune-Charost, pair de France, lieutenant-général des provinces de Picardie et Boulonais, gouverneur des ville et citadelle de Calais, fort Nieulay et pays reconquis, président né des Etats de Bretagne, gouverneur des villes de Charost et Saint-Amand, chevalier de l'ordre militaire de Saint-Louis, etc., etc., naquit, à Versailles, le 1ᵉʳ Juillet 1738.

Sa vie et sa fortune furent consacrées à la bienfaisance et au bonheur de son pays. En 1760, il épousa Louise-Suzanne Edmée de Fontaine-Martel, qui lui donna un fils et mourut le 6 octobre 1779. En 1783, il épousa Henriette-Adélaïde-Josephine du Bouchet de Sourches de Tourzel, qui lui survécut, mais n'eut pas d'enfants.

Sa carrière militaire commença à seize ans ; il devint colonel de cavalerie, puis maréchal de camp. Les moins fortunés de ses officiers et soldats étaient ses protégés, et souvent il paya de sa bourse les gratifications qu'il avait inutilement sollicitées pour eux, en laissant croire qu'il les avait obtenues. Lors de la prise de Munster, pendant la guerre de Sept ans, il resta six heures à découvert dans une tranchée, à la tête de ses troupes, et montra un courage héroïque.

Près de Francfort, où l'armée fut ravagée par une affreuse épidémie, il fit établir à ses frais un hôpital qui sauva quatre mille malades.

En 1758, à la demande du Gouvernement, il envoya le premier à la Monnaie sa superbe argenterie de famille, en disant : « Si la patrie me demandait mon sang, je le lui donnerais jusqu'à la dernière goutte. Cette vaisselle m'est-elle donc plus précieuse ? »

Plus tard, Louis XV disait de lui ces belles paroles : « Cet homme n'a pas beaucoup d'apparence, mais, à lui seul, il fait vivre trois de mes provinces ».

La paix de 1763 rendit le duc de Charost à son véritable caractère.

Ses bienfaits en Berry

Propriétaire des terres de Meillant, Charenton, Orval, Saint-Amand, Charost et Mareuil, en Berry, il fit particulièrement sentir à cette province les effets de son amour du bien et de son attachement.

En 1778, il devint membre de l'Assemblée provinciale du Berry, la première établie, à titre d'essai, par Louis XVI ; il y siégea jusqu'à la fin et y fut l'initiateur des principales routes que possède le pays.

C'est lui aussi qui, en 1780, réveilla le projet du canal de Berry, qui existe aujourd'hui. Enfin, ses Ordonnances prouvent que les « chemins vicinaux » ne l'occupèrent pas moins que les grandes voies de communication.

Vingt ans avant la Révolution, il forma un plan d'amortissement de ses cens et rentes, convertit les banalités en abonnements modiques, et supprima les droits seigneuriaux qu'il avait sur le commerce des grains dans les foires et marchés.

Mendicité et secours

En 1768, le duc de Charost fit dans ses terres des règlements remarquables sur les pauvres et la mendicité, et il envoyait chaque année trente malades à l'hôpital des Eaux-de-Bourbon-l'Archambault.

En 1772, il créa aussi un mode de secours dans les malheurs imprévus, tels que grêle, incendies, inondations, épizooties, etc. Avant de promulguer ses Ordonnances sur tant de sujets, il voulut s'entourer de tous les renseignements possibles ; et ce n'est pas sortir du cadre restreint que nous nous sommes tracé dans cette biographie, que de publier la Lettre qu'il écrivit au clergé de ses terres.

*Instruction en forme de Lettre à MM. les Curés
pour leur demander un mémoire concernant les
pauvres.*

————

A . . . . ., ce . . . . 177 .

« Je regarde comme un devoir essentiel des
seigneurs de secourir les pauvres de leurs terres, et
je pense en même temps qu'ils doivent s'occuper de
remplir cette obligation de la manière la plus utile.
En conséquence, dans la vue d'y parvenir plus sûre-
ment, j'ai résolu de rassembler les lumières de
MM. les curés des paroisses de mes terres, et j'at-
tends de votre zèle, Monsieur, que vous me fassiez
part de vos vues sur un objet aussi intéressant.

Je considère les pauvres comme devant être
divisés en plusieurs classes.

1ʳᵉ classe — Vieillards et Infirmes.

La première est celle des vieillards, infirmes,
estropiés, totalement hors d'état de gagner leur vie.
C'est principalement sur eux que j'ai eu intention de
verser des secours, en accordant annuellement à
chaque paroisse des aumônes fixes, dont MM. les
curés sont les distributeurs. Au reste, s'ils imaginent
quelque moyen de les aider d'une manière plus effi-
cace, ils en feront mention dans le mémoire qu'ils
m'adresseront.

2ᵉ classe. — *Malades.*

La seconde est celle des pauvres malades. MM. les curés m'indiqueront ce qu'ils croient plus propre à leur assurer les secours que la misère les empêche souvent de pouvoir se procurer par eux-mêmes.

3ᵉ classe — *Orphelins.*

La troisième est celle des orphelins qui, privés des ressources les plus naturelles, sont pour ainsi dire en droit de réclamer, dans leurs concitoyens et dans leurs seigneurs, de nouveaux pères qui leur assurent la subsistance, en leur procurant du travail dès que leur âge les en rend capables.

4ᵉ classe — *Nombreuses familles.*

La quatrième est celle des nombreuses familles qui, quoique ayant quelque bien ou quelques profits, se trouvent renfermer un nombre d'enfants dont les besoins réunis excèdent les ressources des père et mère. Il est très intéressant de venir à leur secours, en leur conservant le goût et l'esprit du travail.

5ᵉ classe — *Pauvres valides*

La cinquième est celle des pauvres valides à qui il ne manque que du travail. Il paraît qu'en leur procurant à chacun celui auquel il semble le plus propre, on a fait pour cette classe ce qu'elle es en droit d'attendre.

6ᵉ classe — Malheureux par accidents.

La sixième est celle des pauvres que des accidents imprévus ont réduit dans la misère ou qui, faute de secours, sont prêts d'y tomber, comme des incendiés, des cultivateurs dont la grêle aurait détruit les récoltes, etc.

Des secours extraordinaires semblent faits pour de pareilles occasions ; c'est, dans ce cas, à MM. les curés à m'informer des accidents de leurs paroisses.

Je vous demande, Monsieur, un mémoire qui contienne vos vues sur les moyens d'aider chacune des six classes de pauvres ; de supprimer la mendicité d'après ce principe que les infirmes doivent trouver chez eux les secours, et que les valides ne doivent en trouver que dans le travail. Vous m'indiquerez aussi en même temps, Monsieur, les travaux auxquels on pourrait employer vos paroissiens, et ceux que vous croirez être le plus utiles, soit à votre paroisse, soit au pays où elle est située. Je n'aurai jamais rien de plus à cœur que de coopérer avec vous au bonheur de vos paroissiens, et je n'oublie pas qu'être leur seigneur, c'est être leur père. Faites-leur connaître, Monsieur, mes sentiments pour eux et rendez justice à la sincérité des miens pour vous. »

Orphelins

Les orphelins et les enfants trouvés de Charost et de Mareuil, auxquels, disait-il, il devait tenir lieu de père, furent particulièrement l'objet de la sollicitude du duc de Charost. Il plaçait les enfants valides, avec pension et trousseau, chez des cultivateurs, auxquels il donnait des gratifications à des époques déterminées par ses règlements. Quant aux petits infirmes, ils les mettait à la maison des Incurables d'Issoudun.

Instruction - Bibliothèques

Le duc de Charost établit des écoles dans la plupart de ses terres, en Berry, en Bretagne et ailleurs, et, en 1771, il fonda des bibliothèques à Charost et à Mareuil, pour aider les curés dans l'instruction des populations.

Agriculture

En Berry, en Picardie, à Calais et partout, ses actes d'administration publique ou privée témoignent de l'importance qu'il attachait au développement de l'agriculture. Il fut le vrai fondateur des comices agricoles et des sociétés d'agriculture, et institua des prix de tout genre pour encourager les cultivateurs.

Il s'offrit de créer une école de bergers près de Charost, et commença pour cela une ferme modèle à Mazières.

Mais il ne se présenta pas d'élèves, et ses vues bienfaisantes restèrent sans effets. Le Berry demande encore une école de bergers.

Enfin, il protégea avec ardeur la culture des prairies artificielles, du colza, du mûrier et de la garance, et y dépensa des sommes énormes.

1793. Captivité du Duc de Charost

La Révolution anéantit une partie de ses efforts et de ses tentatives à élever le niveau de son pays.

Son fils et lui n'émigrèrent pas ; mais il eut la douleur de voir périr sur l'échafaud ce fils unique (1).

Lui-même fut jeté en prison, à La Force, et y séjourna plusieurs mois. Il ne dut son salut qu'aux pétitions et à la pression des nombreuses communes qui avaient senti les effets de sa bienfaisance, et qui ne cessèrent de réclamer sa liberté.

Le duc de Charost mourut maire de Paris, le 5 brumaire an IX (1800), de la variole, dont il fut pris en visitant l'établissement des Sourds-Muets, ravagé par cette épidémie.

Resté sans enfants, petits-enfants et ascendants, il laissa son héritage à la duchesse de Charost, sa

---

(1) Connu sous le nom de comte de Charost.

veuve, femme remarquable, qui prit part à toutes ses peines et à tous ses bienfaits.

Sa Mort

Sa mort fut un deuil pour la France, et surtout pour le Berry. Le département du Cher ouvrit aussitôt une souscription pour ériger un monument à sa mémoire, et on lui éleva, à Bourges, une colonne en forme d'obélisque, avec cette inscription :

Optimo civi
ARM.-JOS. BÉTHUNE-CHAROST
Grati Bituriges
Anno x reip: fund.

Ce monument a été réparé, en 1843, par Mme la duchesse de Mortemart, nièce du duc de Charost.

Le duc de Charost repose en Berry, dans la chapelle du château de Meillant, qu'il a longtemps habité.

Sur son tombeau, M. le duc de Mortemart a fait graver cette épitaphe :

CI GIT
AAMAND-JOSEPH DE BÉTHUNE,
DUC DE CHAROST,
Dernier de son nom.

Soldat ou citoyen,
Il fit bénir son nom, admirer son courage :
Magistrat, grand seigneur, en tout lieu, à tout âge,
Il ne fit que du bien.

En examinant les bienfaits d'Armand-Joseph, duc de Béthune-Charost, il nous a semblé, que les Communes devraient prendre modèle sur lui, en divisant les secours comme il l'avait fait, pour supprimer la mendicité.

Il avait divisé les pauvres des communes en plusieurs classes.

1re classe — Vieillards et Infirmes

La première est celle des vieillards, infirmes, estropiés, totalement hors d'état de gagner leur vie. C'était principalement sur eux qu'il avait eu l'intention de verser des secours.

2me classe — Malades

La seconde est celle des pauvres malades, pour leur assurer les secours et les soins, que la misère les empêche souvent de pouvoir se procurer par eux-mêmes.

3me classe — Orphelins

La 3me est celle des orphelins qui, privés des ressources les plus naturelles, sont pour ainsi dire en droit de réclamer, dans leurs concitoyens, qui doivent leurs servir de père, pour assurer la subsistance, en leur procurant du travail dès que leur âge les en rend capables.

4ᵐᵉ classe — *Nombreuses familles*

La 4ᵐᵉ classe est celle des nombreuses familles qui, quoique ayant quelque bien ou quelques profits, se trouvent renfermer un nombre d'enfants, dont les besoins réunis excèdent les ressources des père et mère. Il est très intéressant de venir à leur secours, en leur conservant le goût et l'esprit du travail.

5ᵐᵉ classe — *Pauvres valides*

La 5ᵐᵉ classe est celle des pauvres valides à qui il ne manque que du travail. Il paraît qu'en leur procurant à chacun celui auquel il semble le plus propre, on a fait pour cette classe ce qu'elle est en droit d'attendre.

6ᵐᵉ classe — *Malheureux par accidents*

La 6ᵐᵉ classe est celle des pauvres que des accidents imprévus ont réduit dans la misère, ou qui, faute de secours sont près d'y tomber (1). Des secours extraordinaires semblent faits pour de pareilles occasions.

Comment se procurer les fonds nécessaires, pour subvenir aux dépenses occasionnées par les besoins de ceux qui seront secourus ?

Le plus simple est d'ajouter une somme à la feuille d'impôts, proportionnée aux charges de chacun, laquelle sera reçue par le percepteur, et délivrée

par lui moyenant un reçu signé par le maire de la
commune, après avoir été discuté, par le Conseil
municipal, ou par un comité spécial que l'on pou-
rait appeler " Le comité de secours " dont le Président aurait la signature, et serait élu par les
électeurs.

Nous voudrions en plus que les enfants dans chaque famille viennent en aide à leurs parents, selon
leurs moyens, car les enfants ne s'occupent guère de
leurs parents, qui les laissent vivre sans les secourir.

Imp. Laboureur, Géolleau et Filloux, Issoudun.

www.ingramcontent.com/pod-product-compliance
Lightning Source LLC
LaVergne TN
LVHW021107050726
842519LV00005B/1873